LETTRE

AUX

MEMBRES DES CONFÉRENCES

DE SAINT-VINCENT DE PAUL

PAR

M. AD. BAUDON

SUIVIE D'UNE

LETTRE A UN MEMBRE D'UNE CONFÉRENCE DE PROVINCE

PAR LE MÊME AUTEUR

Prix : 25 centimes.

PARIS

VICTOR SARLIT, LIBRAIRE-ÉDITEUR

RUE SAINT-SULPICE, 25

1862

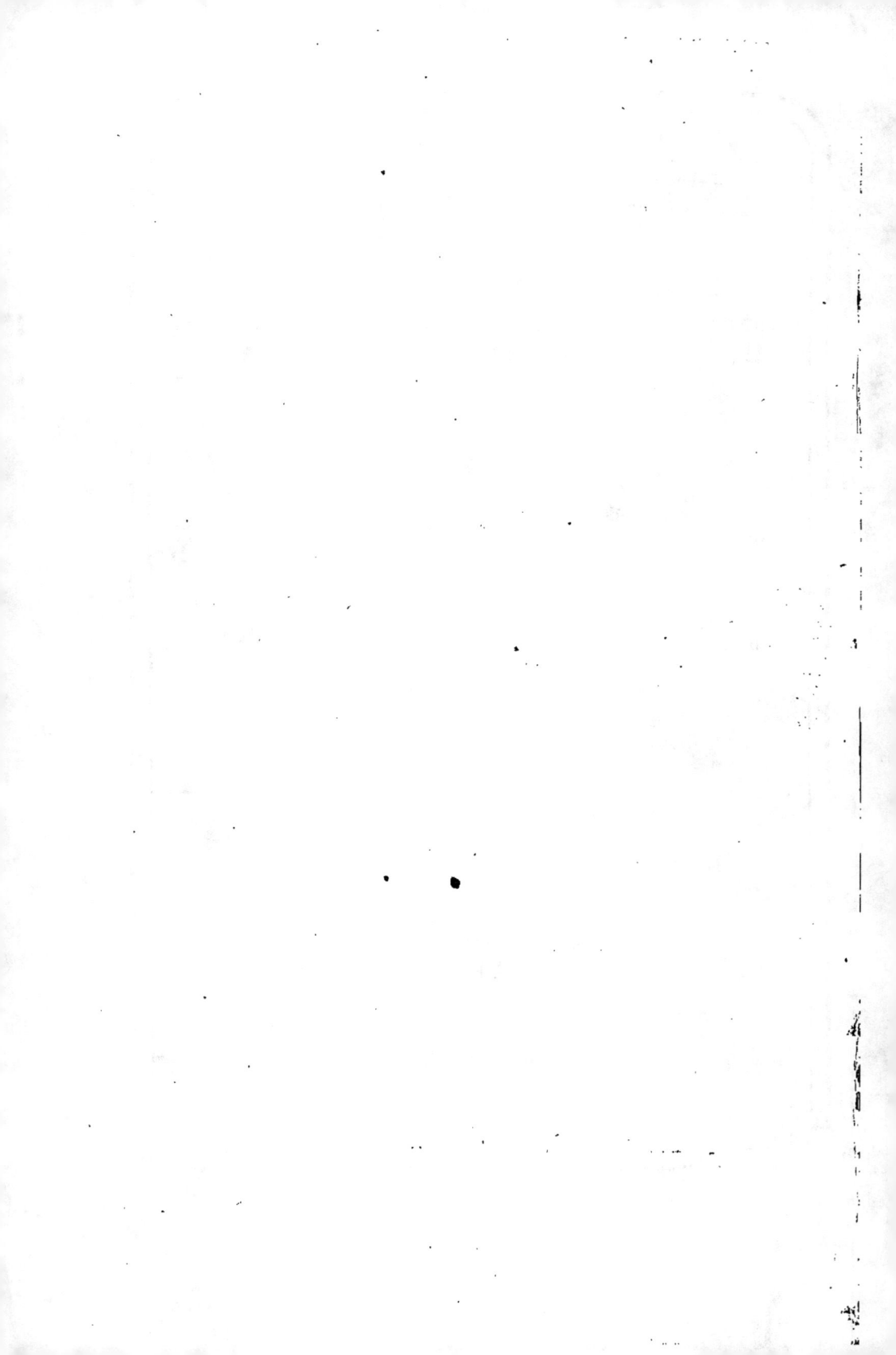

LETTRE

AUX

MEMBRES DES CONFÉRENCES

DE SAINT-VINCENT DE PAUL

MONSIEUR ET CHER CONFRÈRE,

Le moment me paraît venu, où je puis rompre vis-à-vis de vous un silence qui me pèse, et que je me serais reproché, comme une désertion de mes devoirs, s'il avait eu un autre motif que la crainte de nuire à notre Société par des communications prématurées. Depuis ma dernière lettre du 15 novembre, nos négociations avec le gouvernement n'ont pas cessé, et tant qu'elles n'étaient pas ar-

1862

rivées à une conclusion, j'aurais cru commettre une imprudence préjudiciable à notre OEuvre, en venant vous en entretenir. Aussi, j'ai préféré compter sur votre patiente indulgence, quelque pénible que fût cette attente pour vous, comme pour moi.

Aujourd'hui, je considère les négociations comme terminées, et je ne prévois pas dans quel temps elles pourront aboutir. Je dois donc à la confiance dont vous m'avez honoré, depuis que, par leurs suffrages, les Conférences m'ont appelé à les diriger comme président général, je dois donc à votre sollicitude pour notre OEuvre de vous rendre compte de la situation qui lui est faite en France.

Je n'entrerai pas dans le détail des propositions faites à notre Conseil; cela ne serait ni utile, ni convenable. Je me borne à vous dire, que, si ces propositions ne nous avaient pas paru porter une atteinte grave à notre règlement, que si des questions de principe essentielles à la liberté de la charité n'avaient pas été engagées à nos yeux, nous ne nous serions pas refusés à une entente si désirable à tant de points de vue. Mais notre règlement nous a paru la base inébranlable sur laquelle nous devions

nous appuyer, et nous n'avons cru pouvoir en sortir
à aucun prix.

Malgré le peu de résultat de nos efforts, je ne les
regrette en aucune manière. Dans les nombreuses
entrevues qui ont eu lieu à ce sujet, nous avons eu
l'occasion de prendre verbalement, comme nous
l'avons fait en outre par écrit, la défense calme,
mais énergique de notre Société si méconnue, et
nous avons pu la venger des accusations dont elle
avait été si injustement frappée.

Nous avons exposé avec détail son organisation,
son but, son utilité ; nous avons établi *qu'en fait,*
et depuis vingt-huit ans qu'elle existe, cette organisation n'avait servi à aucune menée politique ; que,
loin de là, tout en laissant aux membres leur action
personnelle à titre de citoyens, et sous leur propre
responsabilité, que tout en n'entravant pas en eux
l'exercice des droits publics qu'ils tiennent de la
constitution de leur pays, elle avait soigneusement
éloigné des Conférences toute discussion étrangère à
la charité pratique : nous avons rappelé, en les
énumérant longuement, les recommandations si ex-
presses faites à toutes les époques sur ce point dans
toutes les instructions émanées du Conseil général,

depuis le règlement écrit en 1835, jusqu'aux circulaires adressées d'année en année par les Présidents
généraux, recommandations qui enjoignaient à
toutes les Conférences de ne s'occuper, ni de près,
ni de loin, d'aucune question touchant à la politique,
même de la manière la plus indirecte. Au nom de
notre dignité, de notre honneur d'hommes loyaux
qui pensent avoir le droit qu'on croie à leur parole,
nous avons protesté que quelles que fussent nos opinions et notre position individuelle, nous avions nous-
mêmes, et en toutes circonstances, pratiqué au nom
du Conseil général l'abstention que nous demandions
aux Conférences; que nous n'avions jamais eu deux
langages, l'un, pour la généralité de nos confrères,
l'autre, pour je ne sais quels initiés, dont nous au-
rions fait les confidents coupables d'agitations oc-
cultes; nous avons affirmé que ce que nous avions
dit, nous l'avions fait, et que ce que nous avions
déclaré ne pas vouloir faire, nous ne l'avions jamais
fait. Nous avons demandé, en outre, si on ne croyait
pas à nos assertions, qu'on nous mît en présence des
instructions cachées, des mots d'ordres mystérieux
qui auraient été donnés par nous et qui depuis vingt-
huit ans n'auraient pas pu échapper constamment

aux investigations. J'attends encore sur ce point si grave une preuve quelconque, ou même l'énonciation d'un fait.

Nous avons fait remarquer encore que notre organisation était essentiellement utile pour la charité, afin de propager les œuvres nouvelles, et de faire éviter les écueils que l'expérience avait révélés dans les œuvres anciennes ; que, sans elle, les Conférences disséminées dans un si grand nombre de villes, perdraient rapidement leur esprit primitif, languiraient souvent et périraient peut-être faute du stimulant de l'exemple ; que même dans certaines localités elles pourraient, laissées à elles seules, tendre à devenir des œuvres avec un caractère politique, tandis qu'au contraire la réunion dans la même Société de membres appartenant à toutes les opinions, de Conférences appartenant à tous les pays rendait, entre des éléments aussi divers et aussi hétérogènes, toute action politique véritablement impossible ; car la moindre tentative faite par le Conseil général pour entrer dans cette voie serait le signal infaillible du brisement intérieur de la Société. La sagesse d'un passé de près de trente ans n'est donc pas la seule garantie donnée à l'autorité contre des écarts possibles ; l'organisation même de la Société, avec son Conseil général, avec ses branches si multiples et si distinctes, est la meilleure sauvegarde contre un pareil danger. Cette organisation, en effet, puissante pour la charité, serait, par son extension même, radicalement impuissante pour une action politique commune.

Nos déclarations n'ont pas été moins explicites pour repousser le grief dirigé contre le Conseil général et contre les Conseils centraux, de s'immiscer dans la direction intérieure des Conférences, en s'emparant de la nomination de leurs présidents, en les privant de la spontanéité de leur action charitable, et en les dépouillant d'une partie considérable de leurs ressources. Nous n'avons rien négligé pour porter la lumière sur tous ces points ; nous avons exposé que dans la Société de Saint-Vincent de Paul, la liberté la plus entière régnait entre tous les membres, liberté écrite dans son règlement, dans ses circulaires, dans toute son histoire, liberté qu'un Conseil dépourvu de toute autorité matérielle, n'aurait jamais pu violer, sans provoquer d'unanimes et énergiques protestations ; nous avons montré cette liberté s'exerçant dans la distribution des au-

mônes, dans le choix des présidents, et dans tous
ces détails intérieurs, dont toute réunion d'hommes
est essentiellement jalouse, et que nos Conférences
ont toujours si soigneusement tenu à se réserver.
Quant au budget du Conseil général, qui semblait
effrayer, nous l'avons publié dans sa modeste réa-
lité, offrant nos livres, si on doutait de notre sin-
cérité, et nous n'avons pas manqué de faire remarquer, que, tandis que les Conférences dispersées
dans le monde entier, reçoivent chaque année une
somme de 4 à 5 millions, perçue et dépensée sur
place, pour les pauvres de chaque Conférence, di-
visée par petites fractions entre 3,500 caisses locales, le Conseil général n'avait à sa disposition que
25 à 30,000 fr. par an, avec lesquels, sans doute, il
ne pouvait ni dominer les Conférences, ni exercer,
si même il l'eût voulu, une action politique sérieuse.
Est-il besoin de dire que nous avons repoussé avec
une légitime indignation, l'accusation d'un prélève-
ment de fonds dont l'emploi serait resté inconnu entre nos mains? Ce grief tombe tellement à faux,
même en l'entendant dans le sens le plus modéré, que
je n'insiste pas devant vous sur ce point. Je crain-
drais de paraître douter de votre unanime conviction.

Enfin, on voyait en nous une Société secrète, et nous avons répondu que chez nous tout était public; que notre règlement se remettait à qui le demandait, que nos rapports, les circulaires des présidents généraux étaient imprimés dans un bulletin auquel tout le monde pouvait s'abonner : nous avons rappelé que, dans nos Conférences, il n'y avait jamais eu de secret ni d'initiation, et que toute personne pouvait se faire admettre, pourvu qu'elle fût honorable et sincèrement chrétienne; que nos assemblées générales se tenaient toujours sous la présidence de vénérables ecclésiastiques, souvent sous celle des Évêques, et que, dans un grand nombre de villes, les autorités civiles voulaient bien, sur l'invitation des Conférences, y prendre part; qu'enfin, les noms des membres du Conseil général publiés dans le Bulletin, au fur et à mesure des nominations nouvelles, avaient été à plusieurs reprises remis à l'autorité; qu'en un mot, si notre Société ne recherchait pas l'éclat, rien n'était moins ami de l'ombre et du mystère, et ne redoutait moins qu'elle l'impartiale lumière de la justice et de la vérité.

Tel est en résumé, Monsieur et cher Confrère,

l'ensemble des explications que nous avons four-
nies dans nos mémoires ou dans d'incessantes dé-
marches. Je ne les rappelle que pour que vous
sachiez que votre Conseil général n'a été ni inactif
dans les difficultés présentes, ni insensible aux at-
taques douloureuses et étranges, qui, quoique plus
particulièrement dirigées contre lui, retombaient
aussi sur les Conseils centraux et même sur toute
notre Société. D'ailleurs, en mentionnant ces dé-
marches, je trouve une occasion toute naturelle
de remercier les Conférences de l'appui qu'elles
ont prêté à nos déclarations. Appelées par la cir-
culaire du 16 octobre 1861, à exprimer leurs
vœux sur l'organisation centrale de la Société, elles
ont confirmé d'une voix unanime et par un témoi-
gnage désintéressé, la vérité de nos assertions ; elles
ont déclaré, que jamais elles n'avaient reçu d'aucun
Conseil, soit général, soit central un mot d'ordre
politique, et que ces Conseils, loin d'exercer une in-
gérence oppressive dans leurs affaires intérieures,
n'avaient jamais été pour elles qu'un appui tout moral, tout bénévole, appui cordialement offert, vo-
lontairement accepté.

Mais si ces explications n'ont pas suffi jusqu'à

présent à vaincre toutes les préventions, si votre
Conseil, pour reprendre ses réunions, doit attendre
du temps la lumière qui ne manque jamais à la vérité, est-ce à dire que nos Conférences doivent le
suivre dans sa dispersion? Permettez-moi, comme
frère aîné de notre famille charitable, de vous ex-
poser ma manière de voir sur ce point ; elle n'est
pas le résultat d'un examen précipité, mais de ré-
flexions longues et approfondies. Je vous dois ici
l'expression de ma pensée : c'est à vous à décider
ensuite le parti que vous jugerez devoir prendre.

Un certain nombre de Conférences ont cru qu'il
ne leur était plus loisible de continuer à se rassem-
bler, alors que la liberté de réunion n'était plus
laissée à leur Conseil général. Je conçois les motifs
qui les ont guidées, et je les respecte : je sais de
plus que, pour la plupart d'entre elles, aux raisons
générales, se joignaient des raisons locales d'une
réelle gravité. Cependant, malgré la déférence que
je dois à l'opinion de confrères aimés et profondé-
ment dévoués à nos OEuvres, je vous dirai que ma
pensée bien arrêtée est que les Conférences doivent continuer leurs travaux charitables. Voici mes
raisons.

Et d'abord, au premier rang je place un intérêt cher à tous les cœurs catholiques, un intérêt que l'Église a toujours et en tous lieux, considéré comme fondamental, l'intérêt des pauvres.

On peut bien, je le sais, pratiquer la charité d'une autre manière que par nos Conférences ; on peut la pratiquer dans d'autres Œuvres, ou individuellement. Mais en fait, si nous brisons nos Conférences pour les transformer en d'autres réunions de charité, croyons-nous que cette modification elle-même n'aura pas pour effet de laisser s'éloigner bien des membres? les uns, parce que déjà flottants et indécis, ils auront un parti nouveau à prendre, les autres, parce que ne se retrouvant plus sous le patronage vénéré du grand saint, qui jusque-là abritait leur charité, ils regretteront de ne plus faire partie, au moins par la prière et par le règlement, d'une Société générale, universelle, qui ne se borne pas à une paroisse ou à une ville, mais s'étend partout où l'Église étend ses rameaux ? Ne craignez-vous pas que l'abandon du nom commun qui rappelait notre origine commune, ne jette la langueur et le découragement dans bien des âmes? Pour moi, je le redoute, et je m'en inquiète pour le soulagement des pauvres, qui, en perdant des serviteurs, perdront par là même des ressources importantes. Puisse l'expérience ne pas le démontrer!

Et quant à pratiquer la charité individuellement, tenez pour certain, Monsieur et cher Confrère, que si cela se peut *quelque temps*, cela ne dure pas *toujours*. Sans doute, les premiers mois, la première année, on continuera à voir les pauvres que l'on affectionnait: un tendre attachement conduira encore nos pas à leur triste demeure pour y porter nos consolations et nos aumônes; mais à la longue, tout cela languira. Les absences, les maladies, les affaires, l'isolement, le défaut de ressources multiplieront autour de nous les prétextes, et comme il n'y aura plus de réunion où notre charité se réchauffe, on se relâchera petit à petit de ces bonnes habitudes, on laissera, sauf de rares exceptions, s'éloigner l'époque hebdomadaire des visites, pour l'ajourner de plus en plus, pour l'ajourner indéfiniment.

Et d'ailleurs, il y a dans notre Société d'autres œuvres que la visite des pauvres; il y a celles du patronage, des saintes familles, des fourneaux, des vestiaires, qui ont besoin pour vivre de s'étayer

sur le concours matériel et moral de réunions nombreuses ; supprimez les Conférences, et ces œuvres
dépériront tôt ou tard, parce qu'elles auront perdu
le foyer où elles venaient se recruter et retremper
le zèle de leurs membres.

Enfin, si chacun fait la charité à lui seul, qui ap-
prendra à de nouveaux confrères à monter l'escalier
du pauvre? En dehors du personnel des œuvres
charitables, combien y a-t-il d'hommes du monde
assidus au chevet des malades, voués à instruire les
ignorants, occupés à vêtir ceux qui sont dans la
nudité, à nourrir ceux qui ont faim? La réponse est
malheureusement bien évidente : On ne va pas seul
et de soi-même voir les pauvres, du moins, en règle
générale : il faut qu'il y ait quelqu'un qui vous y
excite, une organisation qui vous y convie et vous y
retienne, et si cette organisation manque, les vété-
rans de la charité resteront peut-être à leur poste ;
mais décimés bientôt par les fatigues et le temps,
ils ne verront plus se former autour d'eux de nouvelles recrues, pour les seconder et les remplacer.

L'intérêt des pauvres nous appelle donc à nos
Conférences, et c'est au nom de tant de nos frères
souffrants, que je vous conjure, Monsieur et cher

Confrère, de ne pas laisser tomber notre OEuvre ; mais il y a aussi au maintien de nos réunions un autre intérêt non moins cher, c'est celui de nos âmes. Parmi nous, qui n'a besoin, au milieu des tentations de la vie et des agitations du monde, de se raffermir dans la foi chrétienne par la prière faite en commun, par la charité exercée de concert, par le spectacle de l'exemple ? mais parmi nous, ceux qui jeunes encore, sentent souvent gronder en eux les orages des passions, ceux qui ayant connn les doutes des temps présents, cherchent dans la compagnie d'amis chrétiens, un soutien pour leurs croyances, combien plus n'en connaissent-ils pas la nécessité ? Combien encore ne savent-ils pas que le spectacle de la religion, pratiquée sans faiblesse et sans respect humain, réagit heureusement, même sur ceux qui ne participent pas à nos Conférences, mais, qui, en voyant la charité chrétienne à l'œuvre, se laissent aller à partager notre foi ? Ce point est si évident, Monsieur et cher Confrère, que je ne le développe pas davantage. Si vous êtes père de famille, ou si vous êtes jeune homme, vous n'avez pas besoin d'une plus longue démonstration.

Bien d'autres raisons également sérieuses se pré-

sentent encore à mon esprit, Monsieur et cher Confrère ; mais je veux me borner, et je me contenterai
de vous en signaler une seule, qui est considérable
aux yeux des chrétiens, c'est qu'en demeurant fidèles
à nos réunions, à nos œuvres, à nos fêtes pieuses,
à nos Conférences en un mot, nous conservons nos
droits aux indulgences que nous tenons de la libé-
ralité des Souverains Pontifes, et qui sont pour nous
un si précieux encouragement. Ces indulgences,
je me crois autorisé à vous le déclarer, demeurent
aux Conférences qui persévèrent ; mais si nous ve-
nions à nous disperser ou même à changer nos
Conférences en des réunions nouvelles, elles nous
échapperaient par ce seul fait. Pourquoi priverions-
nous nos âmes et celles de nos chers défunts de ce
bienfait si grand pour tout catholique sincère ?

Je vous supplie donc, Monsieur et cher Confrère,
de persévérer dans les efforts et la pratique de la
charité, comme par le passé. Seulement, demeurez
plus que jamais fidèles au règlement de la Société ;
lisez-le et relisez-le souvent, soit dans son texte, soit
dans le commentaire qu'en donne le manuel, soit
en votre particulier, soit en conférence ; observez-
le strictement dans toutes ses dispositions, mais

— 18 —

surtout dans son esprit; soyez vigilants dans l'ad-
mission des membres, pour que nos Conférences
restent chrétiennes par leur composition, et ne fai-
blissent pas sur ce point important; soyez, dans le
choix des Présidents et des divers membres des
bureaux, attentifs à suivre les recommandations
répétées si souvent dans notre manuel et dans notre
bulletin. Visitez les pauvres avec affection et avec foi,
vous attachant également à les secourir dans leurs
souffrances matérielles et à élever leurs âmes vers
la religion et vers Dieu; travaillant, à force de pa-
tience et d'amour, à en faire de sincères chrétiens,
mais ne prêtant jamais le moindre prétexte, pas
plus que jusqu'à présent, à ceux qui croient que nous
avons l'indignité de mettre nos secours au prix de
pratiques religieuses, hypocritement consenties et
odieusement imposées. Célébrez avec toute la piété
possible les fêtes de la Société, afin que la bénédic-
tion de Dieu demeure sur vous; que l'Église trouve
toujours en nous des fils dévoués, des fidèles pleins
de zèle, de déférence et de soumission, envers le
Souverain Pontife, les Évêques, et les vénérables
Curés de nos paroisses. Evitez, comme par le passé,
toute discussion, non-seulement politique, mais

théorique dans les Conférences, où le bon accord
ne peut subsister qu'à cette condition, et alors, bien
que notre Société ait subi une profonde atteinte,
dont je suis loin de me dissimuler la gravité, vous
garderez nos règles, et nos règles vous garderont.

Je termine ici cette lettre, Monsieur et cher
Confrère, dans les sentiments d'une émotion profonde et d'une tristesse véritable. Je n'aurai plus,
en effet, à m'adresser à vous de la part de votre
Conseil général, qui par la longue expérience et
le dévoûment de ses membres, a tant fait pour la
prospérité de notre Société, et qui, depuis qu'il
existe, l'a aimée et servie avec une assiduité si in-
fatigable ; mais si je n'ai plus désormais l'honneur
de vous parler en son nom, je serai, comme par le
passé, à votre disposition entière, prêt à consacrer
sans réserve à vous et à vos pauvres, autant que
vous le jugerez convenable, mes forces et ma vie
tout entières. Je garde, d'ailleurs, l'espoir qu'un
temps viendra où notre Société sera mieux connue,
où les préventions accumulées contre elle se dissi-
peront, et où l'on reconnaîtra que, loin d'être un
péril public, elle rend un service véritable à tous,
en apprenant aux pauvres à bénir les riches, et aux

riches à aimer les pauvres. Nous hâterons très-certainement ce moment par la ferveur de nos prières, par le calme de notre attitude, et enfin par la constance de notre charité.

Agréez, Monsieur et cher Confrère, l'expression de mon affectueux dévoûment.

AD. BAUDON,

7, rue Las Cases.

LETTRE

A UN

MEMBRE D'UNE CONFÉRENCE DE PROVINCE

Paris, le 1ᵉʳ février 1862.

MON CHER AMI,

Vous me priez de vous expliquer les motifs qui ont empêché le conseil général de notre Société d'accepter la proposition qui lui était faite d'être autorisé par le gouvernement, à la condition de la nomination de son président par décret impérial. Je viens répondre à ce désir.

Vous vous rappelez sans doute, comment, il y a vingt ans, s'est formée la conférence dont nous faisions partie, vous et moi. C'était entre camarades et amis ; on s'y attirait par le double plaisir de faire du bien aux pauvres et de se retrouver dans une franche et chrétienne intimité ; on y restait parce qu'on s'y plaisait ; on s'en retirait quand on en sentait la fantaisie. Aussi les départs étaient-ils bien rares.

Ce qui se passait pour la conférence, que nous avons connue la première, est l'histoire de toutes et le secret de leur prospérité ; c'est dans ces mêmes pensées qu'elles se sont fondées successivement, les

membres s'admettant librement entre eux, concou-
rant à la nomination de leur président, se regardant
tous, sans distinction de rang, de fortune et d'opinion, comme confrères au même titre, et acceptant
une organisation générale devenue nécessaire, parce
qu'elle était le fruit de leur libre adhésion.

La proposition faite à notre conseil renversait,
sans qu'on s'en aperçut peut-être, toutes ces tradi-
tions, et faisait entrer notre œuvre dans la voie des
sociétés officielles, des sociétés ayant un caractère
public. C'était une entreprise grande peut-être,
solennelle, mais trop grande et trop solennelle pour
nous, et en tout cas entièrement différente de celle
que nos fondateurs ont réalisée avec tant de succès.
Or, transformer complétement une société qui a
vécu et prospéré vingt-huit ans, n'est-ce pas risquer
de la détruire et de la rompre en mille débris?

Les principes d'ailleurs ont leur logique ; le droit
de nomination par l'État est, de sa nature, un droit
absolu ; il est la faculté de nommer à telles conditions qu'il convient, pour toujours ou à temps, et
sans limitation dans le choix des personnes. Aujour-
d'hui, le gouvernement avait manifesté l'intention
d'appeler à la présidence générale de la Société un
Prélat éminent, digne de toute notre vénération, de
toute notre respectueuse gratitude, et qui, dans les
circonstances actuelles, a défendu avec la plus sym-

pathique énergie notre conseil général contre les accusations dont il avait été l'objet. Qui nous aurait assuré qu'un prince de l'Église aurait toujours été à notre tête pour sauvegarder en nous l'esprit chrétien? Qui aurait empêché qu'à un moment donné un laïque, honorable sans doute, mais qui n'aurait pas été l'élu de nos conférences, eût été appelé à les diriger sans elles et malgré elles, en dehors de leur esprit peut-être?

La force des choses établit donc ce droit de nomination comme absolu; elle le rendait, en outre, général dans notre société. Après avoir accepté le principe pour le président général, comment aurait-on pu élever des objections contre la nomination par l'autorité des membres du Conseil général lui-même, et, enfin, contre celle des présidents dans chaque conférence?

Ces raisons auraient conservé toute leur force, à mon avis, quand même le président choisi par le gouvernement aurait eu seulement le titre de président général d'honneur. Car, eu égard à la solennité de l'acte de nomination et aux circonstances qui auraient accompagné et motivé cet acte, le président d'honneur n'aurait été et n'aurait pu être qu'un président effectif.

Telles sont les considérations décisives, mon cher ami, qui ont déterminé les membres du conseil général à décliner la proposition qui leur était faite, malgré le désir qu'ils avaient d'arriver à une entente : leur conviction est tellement arrêtée, que pas un ne consentirait à faire partie d'un conseil dans ces conditions nouvelles. J'ai, de plus, cette consolation, que notre conduite a été approuvée formellement, et par écrit, par l'éminent Prélat à qui l'offre de la présidence avait été faite, et qui a déclaré ne pouvoir l'accepter.

A notre place, j'en suis sûr, vous n'auriez pas hésité, vous n'auriez pas voulu qu'un jour toutes les conférences, je dirai même toutes les autres œuvres de charité privée, eussent eu le droit de vous reprocher d'avoir compromis leur propre liberté; vous n'auriez pas voulu contribuer à créer pour les sociétés libres le principe, absolument nouveau et contraire à tous les précédents, de la nomination de leurs présidents par décret; vous auriez enfin pensé aux nombreuses conférences hors de France qui, à raison de ce seul fait, auraient brisé leurs liens avec une œuvre jusque-là privée, mais désormais officielle. L'isolement des conférences est sans doute une position précaire et douloureuse pour elles; mais vous auriez préféré vous y résigner plutôt que de sacrifier les principes constitutifs de leur existence.

Recevez, mon cher ami, l'assurance de mon bien sincère attachement.

AD. BAUDON.

Paris. — Impl. W. REMQUET, GOUPY ET Cie, rue Garancière, 5.

www.ingramcontent.com/pod-product-compliance
Lightning Source LLC
Chambersburg PA
CBHW070753280326
41934CB00011B/2915